K4

Peter Schubert

DRESDEN von oben

Texte Dr. Peter Ufer

IMPRESSUM

Herausgeber
K4Verlag | Dresden

Fotografie
Peter Schubert

Text
Dr. Peter Ufer

Übersetzung
Kathleen Jordan

1. Auflage 2012

ISBN 973-3-941977-31-0

INHALTSVERZEICHNIS

TABLE OF CONTENTS

Dresden von oben - Tag & Nacht

„Nachts sind alle Katzen grau!", spricht der Volksmund und betont damit das menschliche Unvermögen, Farben im Dunkeln wahrzunehmen. Glücklicherweise stellte sich der Erfindergeist schon vor längerem dieser Herausforderung und heute sind die urbanen Lebensstätten auch nachts taghell ausgeleuchtet. Dresden war dabei eine der ersten Städte Deutschlands, die sich Lichtpunkte setzen ließ. 1828 führte Rudolf Sigismund Blochmann die Gaslaterne in Dresden ein und am 23. April leuchteten die ersten Kandelaber am Schloss. Im Jahr 1837 brannten in der Dresdner Altstadt bereits 538 und in der Neustadt 129 Gaslaternen. In Folge dieser Anfänge bietet sich dem Betrachter heute besonders aus der Luft ein faszinierendes Schauspiel - sowohl tags als auch nachts.
Der Dresdner Fotograf Peter Schubert nahm seine Stadt bei Tag und Nacht unter die Kamera und zeigt, was bislang noch niemand sehen konnte.
Dabei spielen Luftaufnahmen schon tagsüber mit unseren Sehgewohnheiten. So offenbart sich Dresden, mit dem barocken, von neuzeitlichen Plätzen durchbrochenen Altstadtkern von oben in seiner ganzen Pracht und Schönheit. Hier liegt der Zwinger, die einstige Partylounge Augusts des Starken, des Kurfürsten von Sachsen und König von Polen. Dort sind heute die berühmtesten Alten Meister der Malerei zu sehen, hier hält Raffaels Sixtinische Madonna Hof, sie feiert gerade ihren 500. Geburtstag. Daneben steht das Schloss, in dessen Keller sich der älteste Teil der 800-jährigen Stadt findet. August ließ das Anwesen zum Palast mit Museen umbauen. Hier zeigte er seine diamantenen Schätze im Grünen Gewölbe, sein Porzellan im Hausmannsturm, seine Rüstungen in der Rüstkammer. All das präsentiert heute das neu erbaute Museumsschloss, der sächsische Louvre. Daneben, auf dem Neumarkt, die Frauenkirche.

Dresden from Above - Day & Night

"All cats are grey in the dark" is a saying used to highlight the human inability to differentiate colours in the dark. Luckily, the challenge was put before inventive talent and today the urban areas of Dresden are lit up at night. Dresden was one of the first cities in Germany to install light sources. In 1828, Rudolf Sigismund Blochman turned the first gas lantern on and on the 23rd of April the first candelabra was lit in the Dresden castle. In 1837, 538 lanterns were burning in Dresden's old city and 129 were burning in Dresden's new city. As a result, today's observers are exposed to a fascinating spectacle, both during the day and at night.
The Dresdener photographer Peter Schubert took pictures of his city during the day and night, showcasing what up until now only a few could see.
Already during the day, aerial photographs play with our visual perceptions. This reveals the beauty and magnificence of the baroque historic quarter of Dresden from above which is separated by modern squares. Here lies the Zwinger, the former party lounge of August the Strong, the Elector of Saxony and King of Poland. At the gallery, "Alte Meister" you can see the work of legends, such as Raffael's "Sistine Madonna" celebrating her 500th birthday. Next to this is the Dresden Castle, where within the cellar you can find the oldest part of the 800 year old city. August the Strong allowed the estate of the palace to be rebuilt with museums, where he displayed diamonds in the "Grünes Gewölbe", porcelain in the Hausmann Tower, and armour in the armoury. All this is presented today in the newly built museum castle, which is known as the Louvre of Saxony. Next to the museum is the Frauenkirche, located at the Neumarkt.

Über 250 Jahre alt, im 2. Weltkrieg zerstört, als Ruine überlebt, als Denkmal der Versöhnung wieder aufgebaut. Ähnlich wunderbar das Albertinum, in welchem die Neuen Meister der Malerei und zeitgenössische Künstler wie Gerhard Richter ausgestellt werden. Davor die Elbe als schwungvolles Band, gefasst von Terrassen oder Wiesen, auf denen die Dresdner und ihre Gäste mit Wonne spazieren.
Nachts verwandelt sich dieses Nebeneinander in ein Polarisieren von Sein oder Nichtsein. So hinterlassen einige Gebäude ihre ganz eigenen Leuchtspuren. Das Militärhistorische Museum in der Albertstadt wirkt wie der Landeplatz eines schwimmenden Flugzeugträgers, das Dach der Centrum-Galerie an der Prager Straße gleicht einer Honig-Waffel am Stil und die Kuppel der Frauenkirche auf dem Neumarkt ist eingefasst wie eine Pyramide im Kerzenschein. Gleich daneben glaubt man ein glänzendes Dach zu erkennen auf dem eine Fackel brennt wie zu den Olympischen Spielen. Es ist die Glaskuppel des Lipsiusbaus der Kunsthochschule, auf der die Skulptur der Fama im Scheinwerfer steht. In der Mitte des Pirnaischen Platzes strahlt ein durch Straßenbahnschienen geteiltes Blau wie ein Pool mitten im Kreisverkehr und erinnert daran, dass sich hier einst das Wasser seinen Weg zur Elbe bahnte. In der Neustadt zieht der Alberplatz im Licht seinen Kreis. Aus dem Rondell laufen neun Straßen, gehen ineinander über ohne sich zu kreuzen, verlieren sich im Dunkel. Die hellsichtige Stadtlandschaft eröffnet sich im Wechselspiel von Licht, Farbe und Reflektion. Schwarz, weiß, dunkel, hell, finster, grell, kalt, warm. In den Nachtaufnahmen Peter Schuberts erblüht Dresden auf wunderliche Weise zu einem strahlenden Stern. Ein geheimnisvolles Leuchtlabyrinth, das einlädt, erforscht zu werden. Denn wer weiß, was unter dem dicht gewebten Leuchtstoff geschieht? Wer schläft, wer feiert, wer liebt, wer genießt. Wer weiß.
Der vorliegende Bildband mit seinen einmaligen Aufnahmen von Dresden bei Tag und in der Nacht möchte die faszinierendsten Eindrücke der Stadt festhalten. Außergewöhnliche Impressionen, die wir nur mit den Möwen teilen, welche nachts wie kleine weiße Gespenster um den Turm der Schlosskirche kreisen.

Over 250 years old and destroyed in World War II, it survived as ruins and is a monument to rebuilding and reconciliation. Wonderfully similar is the Albertinum, where you can admire pieces of modern art, including contemporary artists like Gerhard Richter. In front of the winding Elbe you can see terraces and fields where Dresdeners and their guests enjoy going on walks.
At night the city is transformed by light, allowing visitors to gain a new picture of the city that is not visible during the day. So the buildings leave their own traces of light.
The Millitary History Museum in the Albertstadt looks like a landing pad for aircraft carriers. The roof of the Centrum-Galerie on Prager Street looks like a honey wafer, and the dome of the Frauenkirche on the Newmarket is cased like a pyramid in candlelight. Right beside this, there appears to be a brilliant torch burning, similar to those seen at the Olympic games. It is the glass dome of the Lipsiusbau Art Gallery at the Art School, where a skulpture of the Fama can be found in the middle of a spotlight. In the middle of Pirnaischen Place a blue traffic circle is separated by street car tracks, which is a reminder of the water finding its way to the Elbe. In the Neustadt, Albertplatz draws its circle in light. Nine pathways extend out of the circle, merging into one another without crossing, becoming lost in the darkness. The lightest cityscape opens itself into interplay of light, colour and reflection - black, white, dark, light, gloomy, dazzling, cold, and warm. In Peter Schubert's night shot, Dresden blossoms in a fantastical manner as a radiating star. It is a mysterious and inviting light labyrinth, which is waiting to be discovered. After all, who knows, what will happen under the tightly woven fluorescents? Who will sleep, celebrate, love, and enjoy? Nobody knows.
This illustrated book, with its pictures of Dresden, captures fascinating encounters. It contains extraordinary impressions that we can only share with the sea gulls, which circle the city at night like small white ghosts that circle around the tower of the Schlosskirche.

Die Dresdner Altstadt
The Dresden Altstadt (old city)

Die historische Altstadt
The historical Altstadt (old city)

Die Altstadt flankiert von Ihren Türmen: Kreuzkirche, Rathausturm, Hausmannsturm, Hofkirche, Turm des Ständehauses, Kuppel der Frauenkirche und Glaskuppel der Akademie für Bildende Künste

The Altstadt (old city) is surrounded by its towers: Kreuzkirche, Rathausturm, Hausmannsturm, Hofkirche, tower of the Ständehaus, dome of the Frauenkirche and the glass dome of the Akademie für Bildende Künste (Dresden Art Academy)

Der Neumarkt mit Frauenkirche
The Neumarkt (new market) with the Frauenkirche

Die Aussichtsplattform auf der Kuppel der Frauenkirche
The observation deck on the dome of the Frauenkirche

Der Neumarkt von oben
The Neumarkt (new market) from above

Die Frauenkirche beim Wiederaufbau
The Frauenkirche at the time of reconstruction

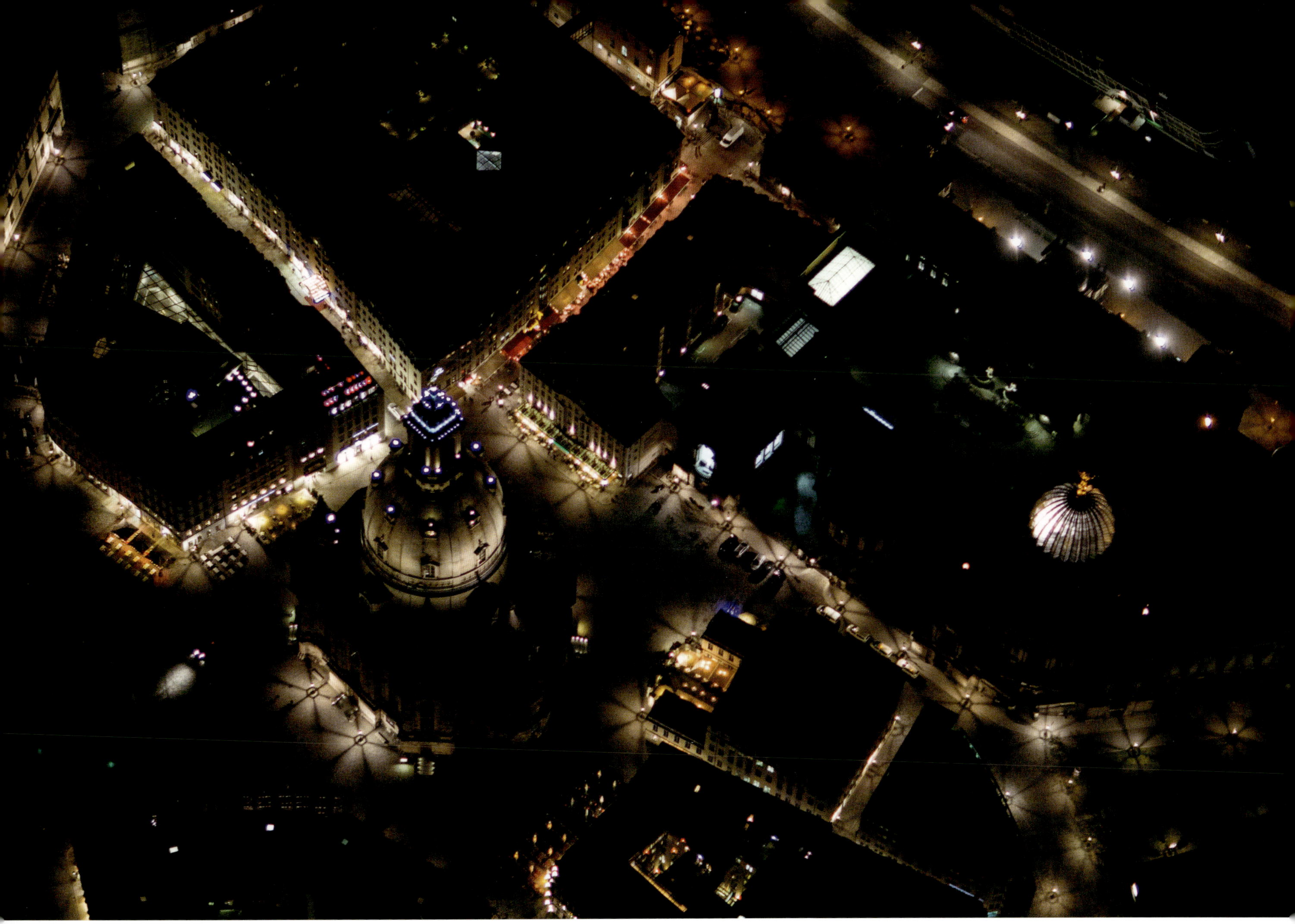

Die Frauenkirche und die Akademie für bildende Künste
The Frauenkirche and the Akademie für Bildende Künste (Dresden Art Academy)

Der Theaterplatz und die Hofkirche - buntes Treiben zum Dresdner Stadtfest
The Theaterplatz and the Hofkirche - the hustle and bustle of festival goers at the Dresden City Festival

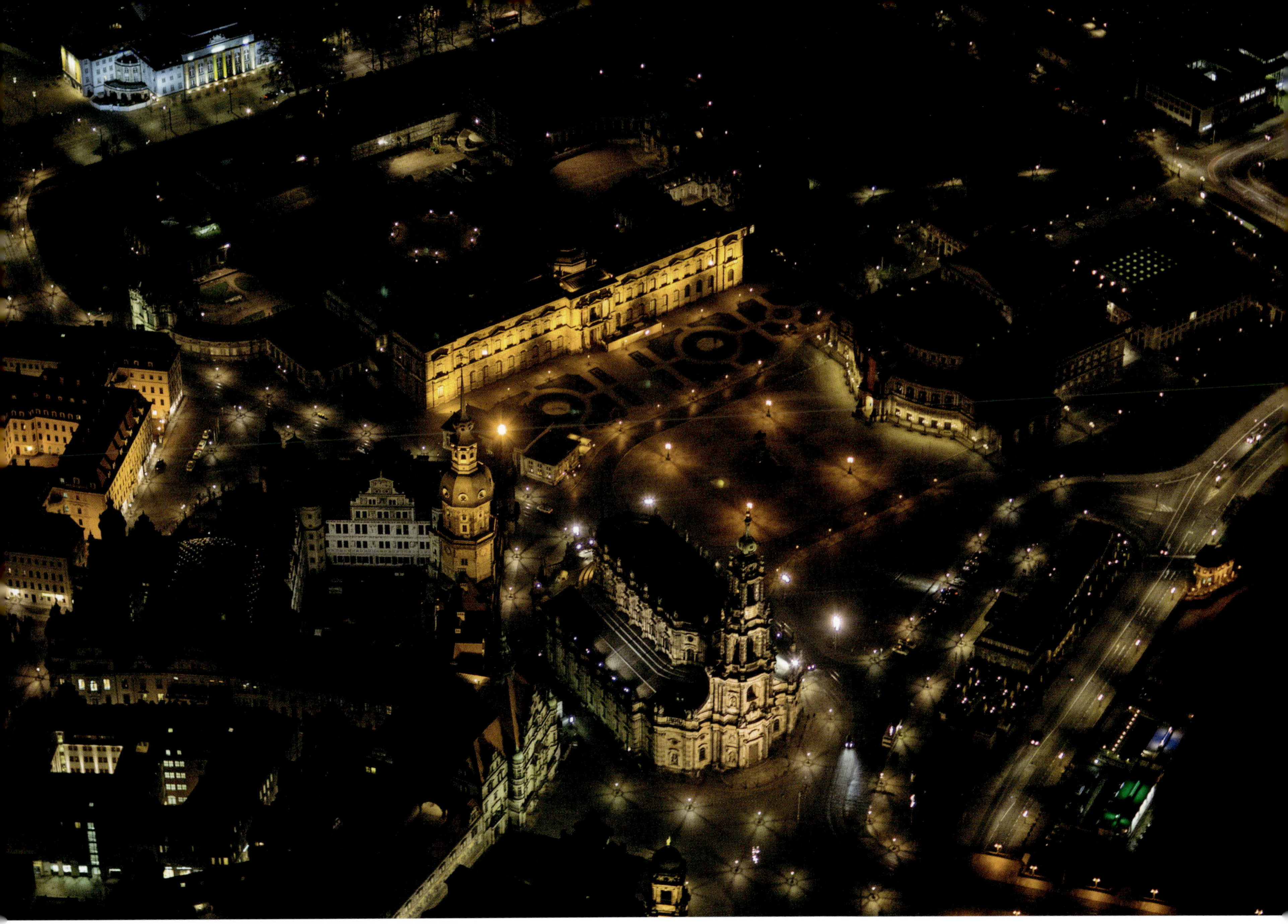

Der Theaterplatz mit beleuchteter Sempergalerie
The Theaterplatz with an illuminated Sempergalerie

Die Schaufelraddampfer der Sächsischen Dampfschifffahrt am Terrassenufer
The steam boat of the Saxony Steam Navigation on the Terrassenufer (terrace bank)

Der Turm der Hofkirche mit der Spitze des Hausmannsturms im Hintergrund
The tower of the Hofkirche with the top of the Hausmannsturm in the background

Das Residenzschloss mit dem überdachten kleinen Schlosshof sowie dem Hausmannsturm
The Residenzschloss (castle) with its canopied castle courtyard and Hausmannsturm

Das Reiterstandbild König Johanns von Sachsen (Reg. 1854-1873)
Monument of King John of Saxony (ruled 1854-1873)

Dresden aus der Luftperspektive mit dem Hauptbahnhof im Vordergrund
Dresden from an aerial perspective with the main train station in the foreground

Der Theaterplatz im Ausschnitt mit Reiterdenkmal und Eingang der Semperoper
The Theaterplatz with a monument of King John of Saxony and the entrance to the Semper Opera

Der Dresdner Zwinger flankiert von Semperoper und Schauspielhaus

The Dresden Zwinger surrounded by the Semper Opera and Schauspielhaus (theater)

Blick über die Spitze des Kronentors vom Zwinger auf das Schauspielhaus
View of the Schauspielhaus (theater) over the top of the Kronentor (archway) of the Zwinger

Das Kronentor - ein Portalpavillon
The Kronentor (archway)

Die Spitze des Cholerabrunnens mit Zwinger im Hintergrund
The top of the Cholerabrunnen (cholera water fountain) with the Zwinger in the background

Die Silhouette der Dresdner Altstadt

A silhouette of the Dresden Altstadt (old city)

Der Rathausturm
The court house tower

Der Pirnaische Platz (im Volksmund ‚der blaue Fleck')
Pirnaischer Platz (in common vernacular, "The blue spot")

Der Pirnaische Platz, links, im Hintergrund die beleuchtete Synagoge
Pirnaischer Platz; in the background on the left, the illuminated synagogue

Die Altstadt mit Postplatz entlang der Wilsdruffer Straße
The Altstadt (old city), with Postplatz along Wilsdruffer Straße

Die Wilsdruffer Straße, im Vordergrund der Postplatz
Wilsdruffer Straße, with Postplatz in the foreground

Die Kreuzkirche
The Kreuzkirche

Bus und Straßenbahnen der Dresdner Verkehrsbetriebe
A Dresden transportation system bus and streetcar

Markttreiben auf dem Altmarkt mit Blick auf die Altmarktgalerie
The bustle of people attending the Altmarkt (old market) with a view of the Altmarktgalerie

Der Postplatz mit „Schmetterling-Bedachung“
The Postplatz with “butterfly roofing”

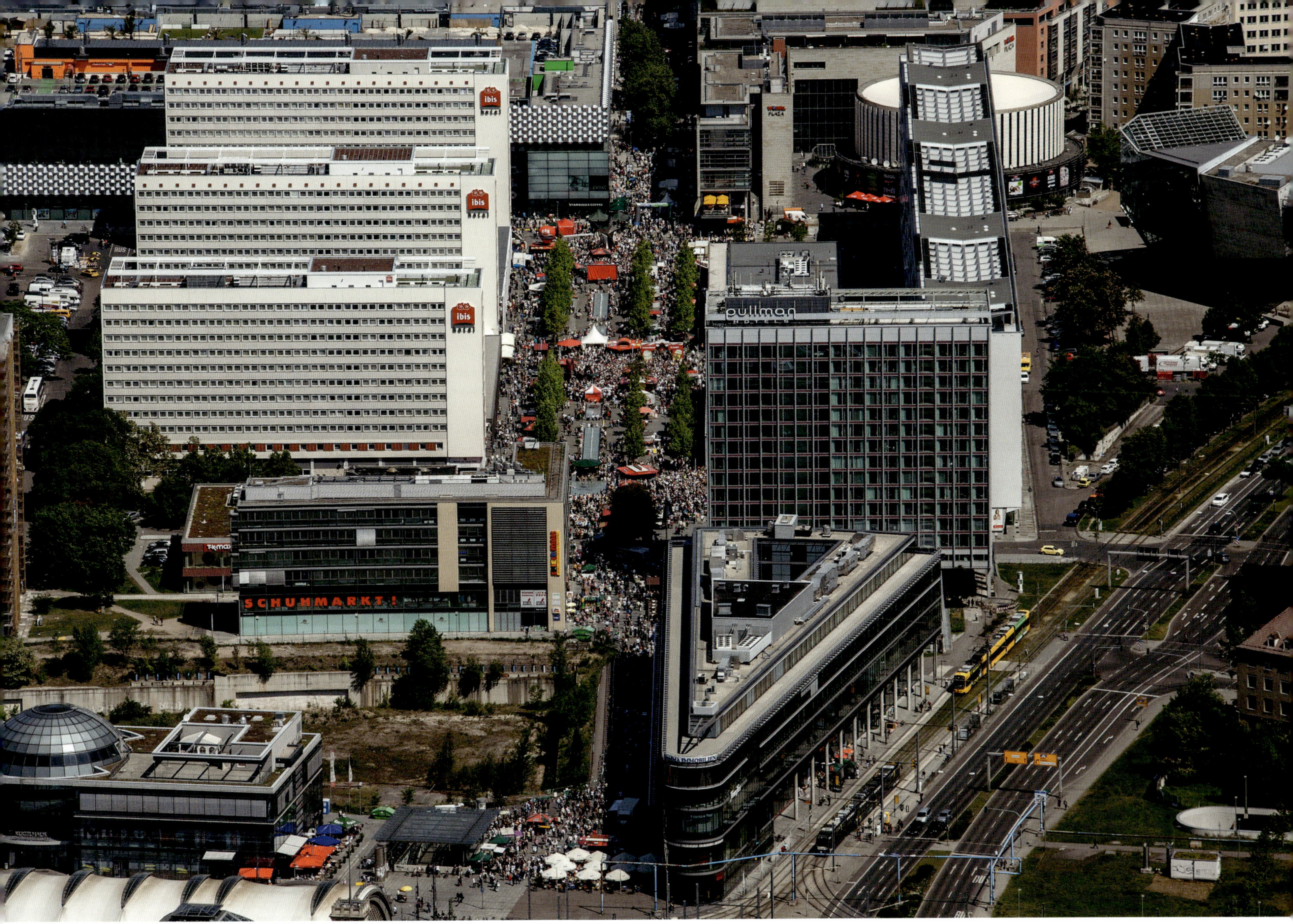

Die Prager Straße mit Kugelhaus und Prager Spitze im Vordergrund
Prager Straße with the Kugelhaus and the top of Prager Spitze in the foreground

Der Hauptbahnhof mit dem prämierten Glasdach des britischen Architekten Sir Norman Foster
The main train station with the award winning glas roof designed by the British architect Sir Norman Foster

Das Rundkino (Bj. 1972)
The Rundkino (round movie theatre), built in 1972

Das Rundkino und die Prager Straße
The Rundkino (round movie theatre) and Prager Straße

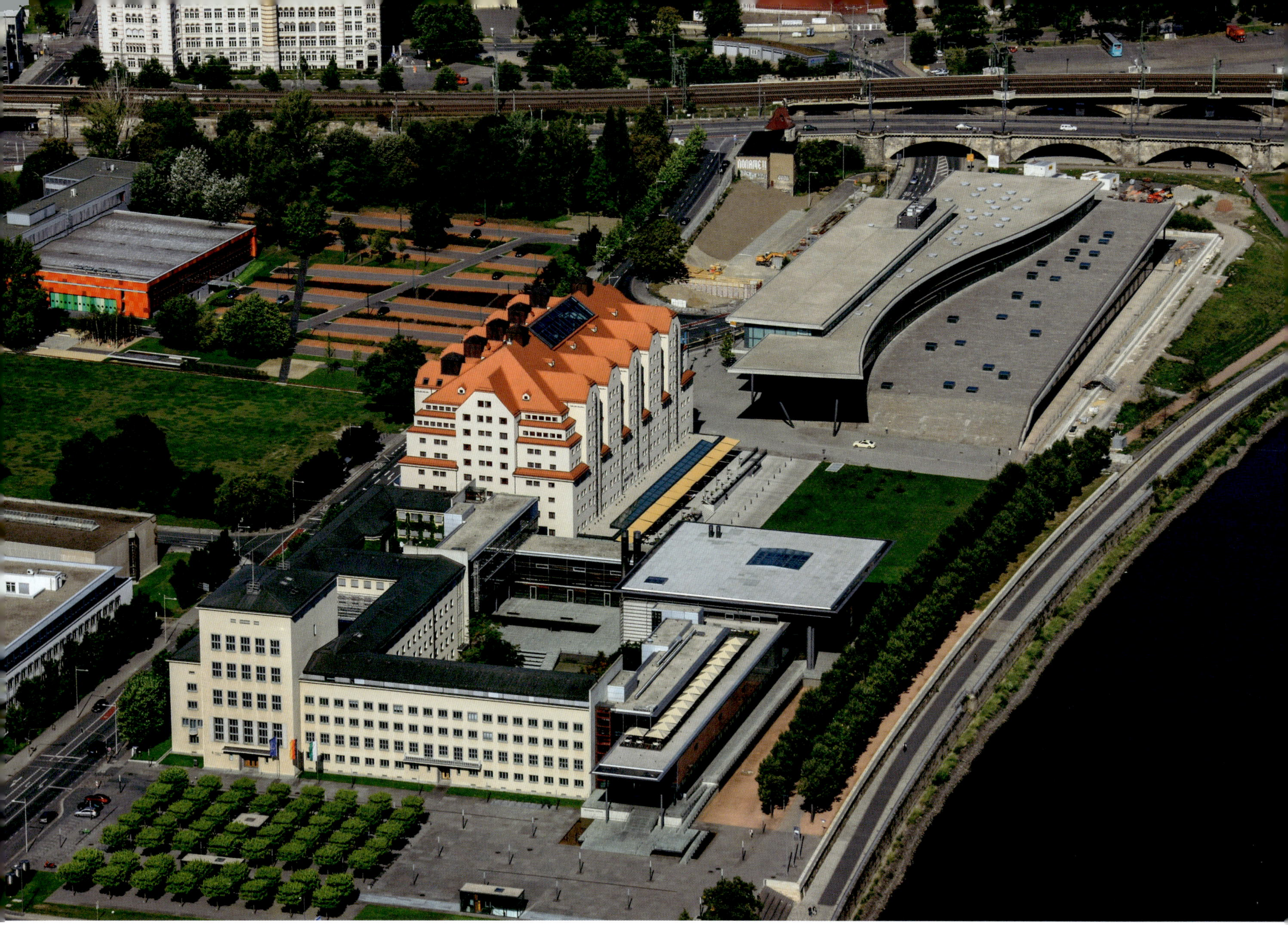

Der sächsische Landtag mit dem ehemaligen Dresdner Erlweinspeicher und dem Internationalen Congress Center (ICC)
The state parliament of Saxony with the former Dresdener Erlweinspeicher (storage building) and the International Congress Centre (ICC)

Die ehemalige Tabakfabrik Yenidze (heute Veranstaltungsort, Gastronomie- und Bürogebäude)
The former tobacco factory Yenidze (today the location of catering services and offices)

Das Glücksgas-Stadion
The Glücksgas-Stadium

Das Stadion im Bau, dahinter das Deutsche Hygienemuseum
The Stadium under construction with the German Hygienemuseum in the background

Spiel der Dresden Monarchs gegen die Obic Seagulls im Glücksgas-Stadion
The Dresden Monarchs versus the Obic Seagulls in the Glücksgas-Stadium

Dresden's Neustadt (new city)

Die Elbwiesen auf der Neustädter Seite mit Carola-Brücke, links davon das Sächsische Staatsministerium für Finanzen und rechts die Sächsische Staatskanzlei
The meadows along the Elbe River on the Neustadt (new city) side with Carolabrücke. To the left of this the Saxony State Ministery for Finance and to the right the Saxony State Chancellery

Die Neustadt bei Nacht mit beleuchteter Staatskanzlei
The Neustadt (new city) at night with the illuminated State Chancellery

Die Augustusbrücke am Neustädter Elbufer
The Augustusbrücke at the bank of the Elbe River on Dresden's new city side

Das Freilichtkino „Die Filmnächte am Elbufer“ vor dem Gebäude des Finanzministeriums
The open air theatre “Die Filmnächte on the Elbe River” bank in front of the building of the Saxony State Ministery for Finance

Die mit Platanen bewachsene Hauptstraße und das Barockviertel
Hauptstraße, a main pedestrian walkway; the baroque quarter

Blick auf die Königstraße mit Dreikönigskirche
View of Königstraße with Dreikönigskirche

Das Barockviertel im Ausschnitt
The baroque quarters

Der Neustädter Markt mit Goldenem Reiter zum alljährlichen Bürgerfest
The Neustädter market with the monument "Goldener Reiter" at the annual city festival

Der illuminierte Albertplatz, rechts unten das erste Hochhaus Dresdens (Bj. 1929)

The illuminated Albertplatz; below, right: Dresden's first high rise (built 1929)

Der Neustädter Bahnhof
The Neustädter train station

Die Marienbrücke mit Eisenbahnbrücke
The Marienbrücke with the train bridge

Der ICE aus Leipzig durch die Neustadt
The ICE coming from Leipzig through the Neustadt (new city)

Die Äußere Neustadt durchquert von der lebendigen Louisenstraße
Lousienstraße going through the outer Neustadt (new city)

Gründerzeithäuser der Äußeren Neustadt
Residential buildings of the outer Neustadt (new city)

Der Alaunpark
The Alaunpark

Die Martin-Luther-Kirche inmitten der bunten Häuserfassaden
The Martin Luther Kirche in the middle of colourful house fronts

Der Neustädter Bahnhof, dahinter der Albertplatz mit denkmalgeschütztem Hochhaus
The Neustädter train station. Behind this, Albertplatz with a heritage-protected high rise

Das neue Militärhistorische Museum, nach einem Entwurf von Daniel Liebeskind
The new military historical museum, designed from a plan of Daniel Liebeskind

Wohn- und Geschäftshäuser am Albertplatz, davor der Artesische Brunnen
Living and shopping spaces at Albertplatz, in the front the Artesian fountain

Die Waldschlößchenbrücke im Bau
The Waldschlößchenbrücke in construction

Die Neustadt , auf der anderen Elbseite die Plattenbauten der Johannstadt

The Neustadt; on the other side of the Elbe River, the Plattenbauten (residential buildings of the GDR) in Johannstadt

Schloss Pillnitz mit Parkanlage und Umgebung
Pillnitz castle with the park and its surroundings

Die Loschwitzer Brücke, bekannt als das Blaue Wunder und die Elbwiesen, das ehemalige UNESCO-Weltkulturerbe
The Loschwitzerbrücke, well known as the "Blue Wonder" and the Elbe meadows, the former UNESCO world heritage site

Das Blaue Wunder mit Blick auf Loschwitz
The "Blue Wonder" with a view of Loschwitz

Der Fernsehturm, im Hintergrund die Sächsische Schweiz
The TV tower, in the background Saxon Switzerland

Die Standseilbahn zum Louisenhof im Wohngebiet Weißer Hirsch
The cable car to Louisenhof in the community of Weißer Hirsch

Hochwasser 2006
The flood of 2006

Die drei Elbschlösser Albrechtsberg, Lingnerschloss und Schloss Eckberg (v. l.)
The three Elbe River castles: Albrechtsberg, Lingnerschloss and Schloss Eckberg

Blick über das Lingnerschloss
View beyond the Lingnerschloss

Die Plattenbauten in Dresden-Gorbitz,
gestaffelte Anordnung der Gebäude unter Berücksichtigung der Hanglage
The Plattenbau homes (residential buildings of the GDR) of Dresden-Gorbitz,
with their graduated building design

Die Gasanstalt Dresden-Reick mit Panometer (links) und Erlwein-Gasometer
On the left, the gas works of Dresden-Reick with Panometer and Erlwein-Gasometer

Der Große Garten mit frühbarockem Palais und Palaisteich
The Großer Garten and its pond with the early baroque palace

Die Rückansicht des Deutschen Hygienemuseums
The rear view of the German Hygienmuseum

Die Hauptallee im Großen Garten
The main pathway of the Großer Garten

Der Fährgarten am Johannstädter Elbeufer
The Fährgarten at Johanstädter banks of the Elbe River (beer garden at the ferry port)

Der Autoturm der Gläsernen Manufaktur
The tower of cars at the "Gläserne Manufaktur"

Der Große Garten, links die Gläserne Manufaktur, vorne das Glückgasstadion
The Großer Garten, on the left the "Gläserne Manufaktur", in front the Glückgas-Stadium

Das jährliche Bikertreffen auf dem Parkplatz des Elbeparks, Dresden-Kaditz
The Bikertreffen (event for motorcyclists) at the parking lot of the Elbepark (shopping centre)

Der Einlauf des Elbemarathons im Heinz-Steyer-Stadion, Sportgelände Ostrapark
The arrival of the Elbe marathoners in Heinz-Steyer-Stadion, Ostrapark (stadium grounds)

Sanierte DDR-Plattenbauten in Johannstadt
The renovated Plattenbau (residential buildings of the GDR) in Johannstadt

Die Christuskirche in Dresden-Strehlen
The Christuskirche in Dresden-Strehlen

Das Gelände der Technischen Universität Dresden
The grounds of the Technischen Universität Dresden

Der Beyer-Bau der TU Dresden mit Lohrmann-Observatorium im Turm
The Beyer-Bau at the Technischen Universität Dresden with the Lohrmann Observatory in its tower

Wohnheime des Studentenwerks an der Hochschulstraße
Homes of TU Dresden's students' association on the Hochschulstraße

Das Eisenbahnmuseum im ehemaligen Bahnbetriebswerk Dresden Altstadt
The train station museum in the former railway maintenance building in Dresden Altstadt (old city)

Die Bismarcksäule in Dresden-Räcknitz
The Bismark column in Dresden-Räcknitz

Der Plauensche Grund mit A17-Autobahntunnel und der Villa Begerburg
The Plauensche Grund with a freeway tunnel and the Villa Begerburg

Der Pieschener Hafen, im Vordergrund das Ball- und Brauhaus Watzke
The Pieschener Port, in the foreground the Watzke ballroom and brewery

Das Ostra-Gelände mit historischen Gebäuden des Erlwein-Schlachthofes und der Dresdner Messe
The Ostra grounds with historical buildings of the Erlwein-Schlachthofes (slaughter house) and the Dresden Fair

Der Alberthafen in der Friedrichstadt
The Albert Port in Friedrichstadt

Schloss Moritzburg mit Landgestüt
Moritzburg castle with the country stud castle

Schloss Wackerbarth in Radebeul
Wackerbarth castle in Radebeul

Der Flughafen in Dresden-Klotzsche
The Dresden International Airport in Dresden-Klotzsche

Schloss Wackerbarth in Radebeul
Wackerbarth castle in Radebeul

Der Flughafen in Dresden-Klotzsche
The Dresden International Airport in Dresden-Klotzsche

Ausschnitt des Dresdner Flughafens
A part of the Dresden International Airport

Luftbilder und Luftvideos!

Seit über 20 Jahren fotografiere ich die Wunschobjekte meiner Kunden von oben. Dabei steht ein eigener Technikpark mit Flugzeug sowie Film- und Fotodrohne zur Verfügung. Mein mobiles Equipment umfasst, kreiselstabilisierte Kamerasysteme mit bis zu 60 Megapixel Auflösung und Filmkameras in Full HD. Damit garantiere ich höchste Qualität, kombiniert mit 23 Jahren Erfahrung.

Weitere Informationen erhalten Sie über www.topluftbilder.de oder telefonisch unter 0351 - 40 424 50.

Weitere Erscheinungen aus dem K4Verlag

Diese Titel können Sie auch auf unserer Internetseite **www.k4verlag.de** erwerben.

Faszination Sächsische Schweiz
ISBN 978-3-941977-09-9
29 x 33 cm | 224 Seiten | inkl. Ausklappkarte
39,80 EUR

Dresden aus der Luft - damals und heute
ISBN 978-3-941977-07-5
27 x 21 cm | 240 Seiten | inkl. 3D-Brille
29,95 EUR

BERLIN von oben
ISBN 978-3-941977-32-7
26 x 21 cm | 144 Seiten
19,90 EUR

HAMBURG von oben
ISBN 978-3-941977-33-4 19,90 EUR
26 x 21 cm | ca. 128 Seiten

DRESDEN von oben
ISBN 978-3-941977-31-0 16,90 EUR
26 x 21 cm | 96 Seiten